Alain LEQUIEN

Au cœur de l'Amitié

Citations et proverbes pour la comprendre et la vivre.

© 2020, Lequien, Alain
Edition : Books on Demand,
12/14 rond-Point des Champs-Elysées, 75008 Paris
Impression : BoD - Books on Demand, Norderstedt, Allemagne
ISBN : 9782322204649
Dépôt légal : février 2020

Note de l'auteur

L'amitié est l'un des principaux sentiments heureux jalonnant le cours de notre vie.
Très présente en littérature, elle a inspiré de nombreux penseurs et écrivains célèbres, de Pythagore à Marc Levy. Ceux-ci nous ont transmis leur bon mot, leur pensée sur la relation amicale.
Il en est de même des proverbes représentant le bon sens populaire, quel que soit le pays.

L'amitié est une source quotidienne de réconfort, parfois aussi de déception. Qu'elle soit celle du confident, de l'ami d'enfance, une amitié forte ou amoureuse, ce sentiment est universel et cimente les liens nous unissant.
Elle est souvent plus durable que le sentiment l'amour.
Parfois, elle se transforme en une fraternité plus forte que celle des liens du sang.
Quant à l'amitié perdue, rien ne nous blesse plus lorsqu'un(e) ami(e) nous quitte ou nous déçoit.

Nous recherchons souvent de belles citations, de beaux proverbes pour qualifier celle nous liant à nos meilleurs amis, toujours présents quand il le faut.
J'ai écrit cet ouvrage pour y répondre, considérant l'amitié et la fraternité comme des sentiments forts ayant solidement cimenté ma vie.

Bonne découverte.

友谊

Symbole chinois de l'amitié se prononçant « you yi ».

Quelques réflexions sur l'amitié

L'amitié, c'est aimer et être aimé par un sentiment désintéressé, honnête et tendre basé sur l'estime mutuelle, sans jugement ni arrière-pensées, gain, domination ou sexualité.
C'est un lien entre des âmes sœurs qui, bien qu'étant deux personnes physiques, n'en font qu'une en partageant les événements joyeux ou tristes de notre existence.

L'amitié est souvent représentée sous cette forme.

Il existe hélas ! la fausse amitié qui, sous le couvert d'un sentiment noble, n'est pas dans le sens du bien, du beau, mais dans celui de l'opportunité. On s'y retrouve sans vraie estime réciproque comme complice, copain, camarade... aspirant à réaliser un même but.

Il y a aussi l'amitié toxique, une relation malsaine faisant ressortir le pire de l'un au profit de l'autre.

L'amitié n'est ni dureté, ni orgueil, ni colère, inégalité comme le fruit d'une faiblesse et d'une passion mal domptée.

Elle n'a rien de commun avec la dissimulation, le déguisement, la flatterie ou l'intérêt sordide, la médisance, la calomnie et la raillerie de mauvais aloi.

Si c'est le cas, outragée, elle est à jamais perdue comme le diamant broyé sous le coup de marteau, dont demeurent presque invisibles les parcelles.

L'amitié vraie est sans arrière-pensées. Elle doit être l'objet d'une affection partagée où tout le bien est possible sans aller jusqu'au romantisme *« d'être prêt à verser son sang pour l'autre »*.

Immortelle, elle est faite pour le vrai, le beau, la vertu, en conformité avec la raison, la conscience, le respect des croyances et différences de l'autre qui sont source d'enrichissement mutuel.

L'amitié n'est que confiante autant que sincère.

Comment débute-t-elle ?

Elle fait partie des mystères de la vie que la raison, la science ou la technologie ne peuvent résoudre.

Elle se montre par des actes, elle se perçoit sans que nous le comprenions vraiment. Nos cœurs s'échauffent et s'attachent par une mutuelle bienveillance comme l'attraction d'un cœur honnête et vertueux pour un autre honnête et vertueux.

Ce n'est nullement le résultat d'un calcul de l'esprit, d'une faiblesse ou d'un caprice, elle vient du cœur, d'une volonté libre et spontanée, ne se commande pas. Nous sommes dans l'intime de la nature humaine.

Bien entendu, allez-vous me dire, il faut la présence d'un intérêt pour l'autre comme dans tout acte ou émotion concernant la vie humaine.

Ce qui fait la différence, c'est la puissance apportée par cette rencontre. Il faut que sur les choses essentielles de la vie, ce qui nous rassemble soit plus fort que ce qui nous divise. Cela ne veut pas dire être d'accord sur tout en gommant nos différences.

Si elle reste superficielle, sans intérêt ou engagement mutuel, les sentiments ressentis vont rapidement s'évanouir au profit de la complicité, de la camaraderie ou du copinage, voire du rejet.

Si au contraire, chacun ressent une harmonie, celle-ci peut construire quelque chose de fort et de précieux.

Ces premiers sentiments vont grandir, s'enrichir progressivement. Il faut laisser le temps nécessaire. Il y a toutefois une condition, celle d'être sensible à l'ouverture vers l'autre, de regarder avec les yeux de l'esprit, d'écouter avec les oreilles du cœur.

L'amitié n'est pas innée : elle se découvre à celle ou celui qui veut la vivre.

Pour cela, il faut être disponible, équitable, sincère, de bonne foi. Alors, elle apparait au détour de son cheminement personnel.

Il n'est pas facile d'accéder à ce trésor caché dans notre monde très individualiste, frivole, envieux, hypocrite, qui aime recevoir plutôt que de donner, un monde basé sur le paraitre et l'avoir plutôt que sur l'être.

Pour bien vivre cette amitié, il faut qu'elle soit ouverte et prévenante. On doit se sentir à l'aise mutuellement comme si cela était le soleil de l'âme.

Elle nous permet, par l'effet miroir, de nous voir tels que nous sommes sans les obligations théâtrales de la vie. Un peu comme si notre ami était notre frère jumeau, notre sœur jumelle. Notre âme, notre esprit, ceux de notre ami ne font plus qu'un avec une force renforcée.

À la teinte de notre tristesse du moment, reflet de nos dispositions intérieures, succède un rayon de bonheur.

À la vue de notre ami, pour l'un comme pour l'autre, le nuage s'écarte, les angoisses s'adoucissent, la mélancolie s'estompe, notre esprit nous ramène au calme et à la sérénité. Quelque chose de lumineux dans nos traits, dans nos yeux éveille un jour nouveau tant du côté physique que moral.

La plupart du temps, le flot de paroles sans richesse pour s'exprimer est inutile.

Nous nous comprenons sans fioritures partageant les mêmes valeurs, ressentis ou émotions. Quand on n'a rien à dire, on ne dit tout simplement rien sans que cela puisse gêner l'autre.

Ces rencontres sont du contentement. Que les heures riches passées ensemble, glissant en silence sans peser, passent vite ! Autant on s'aborde avec joie, autant on se quitte avec regret.

L'amitié se solidifiant par la pratique est un complément indispensable à tous les événements, même les plus innocents, traversant notre vie.

Le philosophe grec Plutarque au début de notre ère a écrit ces mots que je partage :

« L'amitié est bête de compagnie, non pas en troupe, comme les étourneaux et les geais. »

Un ami étant un autre soi-même, il est d'une grande rareté. Parfois, on n'a pas la grande chance de le rencontrer.

J'ai lu un jour ceci : « *Une rivière à déversoirs multiples n'est que faible et basse. De même est l'amitié divisée.* »

Lorsque j'entends, certaines personnes dirent avoir de nombreux amis, je me dis qu'ils doivent surtout avoir beaucoup de copains et camarades. Nous ne nous situons pas au même niveau de perceptions.

Il vaut mieux en avoir un seul peut-être, mais de grande qualité.

L'amitié est rare, car même les attaches de l'enfance n'en sont point. La raison est qu'à cet âge-là, nous ne possédons pas le recul nécessaire à l'évaluer. Il faut être en âge d'homme, à l'époque de notre vie où l'on est stabilisé, pour que la vraie rencontre se fasse ou se confirme.

Que celui qui ne la vit pas ouvre son cœur pour en bénéficier.

Citations d'auteur

Avant la naissance de J.C.

Les amis sont des compagnons de voyage qui nous aident à avancer sur le chemin d'une vie plus heureuse.
Pythagore (vers 580 - 495 av. J.-C.)

Ils ont le nom d'amis, mais ils n'en ont pas l'âme, ceux dont l'amitié ne résiste pas aux disgrâces du sort.
Euripide (480-406 av. J.-C.) ; Oreste

L'amitié d'un seul homme raisonnable vaut mieux que celle de tous les gens déraisonnables ensemble.
Ceux qui aiment à blâmer sont, par nature, peu propres à l'amitié.
Démocrite (460-370 av. J.-C.)

Crains de t'exposer, pour une faute légère, à perdre ton ami ; garde-toi d'écouter le calomniateur qui l'accuse. Les dieux seuls sont exempts de faire des fautes ; sans l'indulgence, l'amitié ne peut plus exister.
Théognis de Mégare (VIe siècle av. J.-C.)

Les Républiques elles-mêmes ont fort bien vu, que de tous les Biens dont on peut jouir dans ce Monde, l'Amitié est le plus excellent et le plus doux.
Xénophon ; Horion (385 av. J.-C.)

L'amitié est comme une âme dans deux corps.
L'amitié est une forme d'égalité comparable à la justice.
Chacun rend à l'autre des bienfaits semblables à ceux qu'il a reçus.
Lorsque les hommes sont amis, la justice n'est point nécessaire, mais quand ils sont justes, ils ont encore besoin de l'amitié.
Aristote (384-322 av. J.-C.) ; Éthique à Nicomaque, Livres VIII et IX : l'amitié.

Ce n'est pas tant l'intervention de nos amis qui nous aide, mais le fait de savoir que nous pourrons compter sur eux.
L'amitié fait le tour du monde et nous convie tous à nous réveiller pour la vie heureuse.
L'homme bien né s'adonne surtout à la sagesse et à l'amitié : desquelles l'une est un bien mortel, l'autre un bien immortel.
Parmi les choses dont la sagesse se munit en vue de la félicité de la vie tout entière, de beaucoup la plus importante est la possession de l'amitié.
Toute amitié doit être recherchée pour elle-même, elle a cependant l'utilité pour origine.
De tous les biens que la sagesse nous procure pour le bonheur de la vie tout entière, le plus grand, de très loin, est l'amitié.
Épicure (vers 341-270 av. J.-C.)

Il n'est pas de propriété plus solide qu'une amitié juste.
Ne te lie pas d'amitié avec les hommes injustes ou méchants.
Ménandre (342-291 av. J.-C.) ; Les Monostiques.

Les plus anciens amis sont les meilleurs.
Lorsqu'on a eu des petits démêlés et qu'on a fait la paix ensuite, on est deux fois plus amis.
Il n'est rien de plus précieux en ce monde qu'un ami prêt à vous aider.
Avoir des amis, c'est être riche.
Plaute ; IIe siècle av. J.-C.

Il faut découdre et non déchirer l'amitié.
Caton l'Ancien (234-149 av. J.-C.)

Soyez très circonspects, il n'est pas prudent ni sage de blesser un ami, même par badinage.
Le malheur nous apprend si nous avons ou non un ami véritable, ou seulement de nom.
Des besoins d'un ami quand notre cœur s'émeut, malheureux est celui qui veut et qui ne peut.
Vous pouvez à bon droit regarder comme vôtres, quand ils sont vos amis, les sottises des autres.
Pour vos amis avant d'être un juge inflexible, songez que pas plus qu'eux vous n'êtes infaillible.
Maigres ou non, les amis trouvent la soupe bonne, quand c'est uniquement le cœur qui l'assaisonne.
Publilius Syrus ; Les sentences et maximes – 1er siècle av. J.-C.

L'amitié nous est donnée par la nature, non pour favoriser le vice, mais pour aider la vertu.
L'amitié donne son lustre à la prospérité, et soulage en partageant les fardeaux de l'adversité.
Ce en quoi réside l'essence même de l'amitié, un complet accord dans les volontés, les goûts, les opinions.
Il n'est pas dans l'amitié de peste comparable à l'adulation, la flatterie, la basse complaisance.
Pour moi, c'est ravir au monde le soleil que d'ôter de la vie d'amitié.
L'amitié dure davantage entre des égaux.
Cicéron ; De amicitia (44 av. J.-C.)

Aux dix premiers siècles de notre ère

La foi, la liberté et l'amitié sont les principaux biens de l'âme de l'homme.
Tacite (58-120 apr. J.-C.)

Qui est notre ami nous aime, mais qui nous aime n'est pas pour cela notre ami.
Attachez-vous à vos amis, mais sans vous détacher de vous-même.
Sans aucun doute, il y a ressemblance entre l'amitié et l'amour. Nous dirons même de l'amour qu'il est la folie de l'amitié.
L'amitié est toujours profitable, l'amour est parfois nuisible.
Non seulement la pratique d'une amitié ancienne et sûre apporte un grand plaisir, mais aussi le début et la préparation d'une nouvelle.
Sénèque ; Les lettres à Lucilius - vers 64 apr. J.-C.

La prospérité demande l'amitié, mais l'adversité l'exige d'une âme généreuse.
Sénèque ; Agamemnon - vers 64 apr. J.-C.

Il faut avoir des amis et des ennemis : des amis pour nous apprendre notre devoir, et des ennemis pour nous obliger à le faire.
On n'est pas un ami si l'on ne prend pas pour soi l'injustice faite à son ami, l'affront qu'il subit l'hostilité qu'il affronte.
La franchise est dite et réputée le langage propre de l'amitié.
Plutarque (v. 50-125 apr. J.-C.) ; L'ami véritable.

Il n'y a point d'amitié véritable où il y a de la flatterie.
Nos amitiés ne doivent pas être fondées sur l'intérêt, car l'amitié est une vertu et non un négoce.
Saint Ambroise de Milan (340-397) ; troisième livre des offices.

La terre nous fait attendre une année entière ses présents : on recueille à chaque instant les doux fruits de l'amitié.
Démophile (IVe siècle de notre ère) ; Médecine de la vie.

L'amitié est la similitude des âmes.
Alcuin (735-804)

L'ami est pour son ami un bouclier.
Le cœur ignore le prix du lien lorsque cette amitié est heureuse.
L'ami qui n'est ami que par intérêt deviendra un ennemi, à coup sûr.
Abu Shakour (poète persan, Xe siècle)

Du Xe au XVIIe siècle

Le véritable ami se fait un devoir de soulager vos peines.
Mocharrafoddin Saadi ; Le jardin des roses - XIIIe siècle.

Combien l'amitié mérite de respects et d'éloges !
C'est elle qui fait naître, qui nourrit et entretient les plus beaux sentiments de générosité dont le cœur humain soit capable.
Plus étroit que ceux du sang et de la famille sont les liens de l'amitié.
Giovanni Boccaccio dit Boccace ; Le Décaméron (1349-1353)

Qui néglige les marques de l'amitié finit par en perdre le sentiment.
William Shakespeare (1564-1616)

Les nœuds sacrés de la vraie amitié se forment bien plus facilement sous un humble toit et dans les cabanes de bergers que dans les palais des rois ou dans les somptueux édifices élevés par les faveurs de Plutus.
Ludovico Arioste, dit L'Arioste ; Roland Furieux (1516)

L'amitié, c'est un nom sacré, c'est une chose sainte : elle ne peut exister qu'entre gens de bien, elle naît d'une mutuelle estime, et s'entretient non point tant par les bienfaits que par bonnes vie et mœurs.
Étienne de La Boétie ; Discours de la servitude volontaire (1576)

L'amitié, c'est une chaleur générale et universelle,
tempérée, au demeurant, et égale.
Au demeurant, ce que nous appelons ordinairement
amis et amitiés, ce ne sont qu'accointances et
familiarités nouées par quelque occasion ou commodité,
par le moyen de laquelle nos âmes s'entretiennent.
En l'amitié de quoi je parle, elles (les âmes) se mêlent et
confondent l'une en l'autre, d'un mélange si universel
qu'elles effacent et ne retrouvent plus la couture qui les
a jointes.
L'amitié se nourrit de communication.
Michel de Montaigne ; Essais (1580)

L'amitié est le ciment de la vie humaine.
Jacques Amyot ; Le Bréviaire (1580)

Les amis de l'heure présente ont le naturel du melon ; Il
faut en essayer cinquante avant d'en rencontrer un bon.
Claude Mermet ; Le temps passé (1583)

Ainsi que le vieux bois convient mieux pour brûler, un
vieux cheval pour chevaucher, de vieux livres pour lire et
de vieux vins pour boire, de même il est préférable de
posséder de vieux amis.
Léonard Wright ; The Pilgrimage to Paradise (1591)

Celui qui est incapable d'amitié tient plus de la bête sauvage que de l'homme.
L'amitié double les joies et réduit de moitié les peines.
Le principal fruit de l'amitié est qu'elle fournit continuellement l'occasion de se décharger du fardeau de ces pensées souvent affligeantes que font naître et renaître sans cesse les passions qui nous rongent ; en un mot, de soulager son cœur.
Quoi qu'il en soit, nous pouvons dire qu'il n'est point de solitude plus affreuse que celle de l'homme sans amis, et que sans l'amitié, ce monde n'est, à proprement parler, qu'un désert.
Mais une dernière observation à faire sur ce premier fruit de l'amitié, c'est que cette libre communication d'un homme avec son ami a deux effets qui, bien qu'opposés, sont également salutaires, à savoir de doubler les joies et de diminuer les afflictions ;
car il n'est personne qui, en faisant part de ses succès à son ami, ne sente augmenter sa joie en la communiquant, et qui au contraire, en répandant pour ainsi dire son âme dans le sein de son ami, et en lui révélant ses chagrins les plus secrets, ne se sente soulagé
Francis Bacon ; Essais de morale et de politique (1597-1633)

L'esprit oublie toutes les souffrances quand le chagrin a des compagnons et que l'amitié le console.
Shakespeare ; Le roi Lear (1606)

Ne savez-vous que l'amitié n'a point d'autre moisson que l'amitié, et que tout ce qu'elle sème, c'est seulement pour en recueillir le fruit ?
Honoré d'Urfé ; L'Astrée (1607-1627)

L'ami qui souffre seul fait une injure à l'autre.
Jean de Rotrou (1609 – 1650)

L'ami par intérêt c'est une hirondelle sur le toit.
Miguel de Cervantès ; Le petit-fils de Sancho Panza (1613)

On juge d'un homme par les amis qu'il a.
Celui qui appelle toutes sortes de personnes ses amis n'en a point.
Baltasar Gracian ; L'homme de cour (1646)

L'amitié multiplie les biens et partage les maux.
Baltasar Gracián y Morales ; L'homme de cour (1647)

Le plus grand effort de l'amitié n'est pas de montrer nos défauts à un ami, c'est de lui faire voir les siens.
Un véritable ami est le plus grand de tous les biens et celui de tous qu'on songe le moins à acquérir.
Dans l'adversité de nos meilleurs amis, nous trouvons quelque chose qui ne nous déplaît pas.
François, duc de La Rochefoucauld ; Maximes (1664)

Au XVIIIe siècle

L'amitié n'est point une inclination aveugle ; mais un sentiment éclairé.
L'adversité doit serrer les nœuds de l'amitié.
C'est détruire les mystères de l'amitié, que de les révéler au public.
Louis-Sylvestre de Sacy : Traité de l'amitié (1701)

Le cœur d'un ami est un pays vaste, dont l'étendue ne souffre point de limites.
Pour être un ami parfait, soyez parfaitement honnête homme.
On manque plus souvent d'amitié que d'amis
Laurent Bordelon ; Les caractères de l'amitié (1702)

Un ami solide est un ami sage, un ami éclairé, capable de démêler les véritables intérêts de son ami, et incapable de se livrer sans considération à ses violences.
Il s'efforce d'ouvrir les yeux à cet ami qui s'égare ; voilà ce que l'amitié lui inspire.
Elle ne lui gâte point le cœur ; il laisse à son ami les vices dont il ne peut le guérir, mais pour lui-même, il se tient étroitement renfermé dans sa propre vertu.
Louis Bourdaloue ; Les pensées et réflexions (1704)

On peut être véritablement l'ami de quelqu'un sans le lui dire tous les mois.
Alexander Pope ; Lettre à John Gay, 1714.

L'amitié d'un grand homme est un bienfait des dieux.
Voltaire - François-Marie Arouet ; Œdipe (1718)

Lorsque mon ami rit, c'est à lui de m'apprendre le sujet de sa joie.
Pleure-t-il ? C'est à moi de découvrir la cause de son chagrin.
Joseph-François-Edouard de Corsembleu (1722-1761)

Si vous êtes assez heureux pour avoir trouvé un ami vertueux et fidèle, vous avez trouvé un trésor ; sa réputation garantira la vôtre, il répondra de vous à vous-même, il adoucira vos peines, il doublera vos plaisirs.
Anne-Thérèse de Marguenat de Courcelles ; L'avis d'une mère à son fils (1726)

La relation sans l'amitié, l'amitié sans le pouvoir, le pouvoir sans la volonté, la volonté sans l'action, l'action sans le profit, le profit sans la vertu, ne valent pas un sou.
Benjamin Franklin ; Almanach du pauvre Richard (1732)

Le plus grand avantage de l'amitié, c'est de trouver dans son ami un vrai modèle ; car on désire l'estime de ce qu'on aime, et ce désir nous porte à imiter les vertus qui y conduisent.
Anne Thérèse de Marguenat de Courcelles, marquise de Lambert ; Traité de l'amitié (1732)

L'amitié n'admet point de basses jalousies,
C'est à l'amour qu'il faut laisser ces frénésies.
Pierre-Claude Nivelle de La Chaussée ; L'École des amis (1737)

Un ami qui nous avertit judicieusement de nos défauts est un bien inestimable.
Il n'y a rien qui contribue plus à la douceur de la vie que l'amitié, mais il n'y a rien qui trouble plus le repos que les amis, si nous n'avons pas assez de discernement pour les choisir.
Charles de Saint-Évremond ; Les pensées, sentiments et maximes (1740)

L'amitié, quand elle est véritable
N'exige jamais rien qui ne soit raisonnable.
Philippe Poisson ; L'Amour secret (1740)

L'amitié véritable a sa tendresse à part,
Qui ne fait à nos cœurs courir aucun hasard.
Pierre-Claude Nivelle de La Chaussée ; Melanide (1741)

Vit-on encore quand on en a perdu un ami ?
C'est celui qui survit qui est mort.
Edward Young ; Les nuits (1742)

Les amis sont dignes de notre amitié dès qu'ils deviennent nécessaires à nos plaisirs.
Seuls les amis véritables sont capables de partager les disgrâces de leurs amis sans refroidissement.
Jean-Baptiste Massillon ; Les maximes et pensées (1742)

Sur les chemins de l'amitié, ne laissez pas croître l'herbe.
Antoine-Pierre Dutramblay (1745-1819)

Du choix de ses amis, on est toujours le maître.
Claude-Henri de Fusée de Voisenon ; La coquette fixée (1746)

La prospérité fait peu d'amis.
Vauvenargues ; Les réflexions et maximes (1746)

Quand on s'est choisi un ami, il faut tout faire pour le conserver. Ni ses fautes ni ses injures, ne doivent pouvoir lui ôter notre affection.
On s'outrage soi-même quand on en vient là.
Entre amis, tous les biens sont communs : ce que je possède, il le possède. Et ce qu'il possède, je crois aussi avoir dessus un peu de droits.
Maudit soit l'intérêt !
Gotthold Ephraïm Lessing ; Damon ou La véritable amitié (1747)

La prévention la plus légère contre ses amis est un feu caché sous la cendre.
Simon de Bignicourt ; Les pensées et réflexions philosophiques (1755)

Les véritables amis changent les heures en moments.
Bernard Fontenelle ; Les pensées et réflexions (1757)

Pour conserver un ami, il faut devenir soi-même capable de l'être.
Tout le charme de la société, qui règne entre de vrais amis, consiste dans cette ouverture de cœur qui met en commun tous les sentiments, toutes les pensées, et qui fait que chacun, se sentant tel qu'il doit être, se montre à tous tel qu'il est.
Dans une société très intime, les styles se rapprochent ainsi que les caractères ; les amis, confondant leurs âmes, confondent aussi leurs manières de penser, de sentir et de dire.
Jean-Jacques Rousseau ; Esprit, maximes et principes (1764)

Un revers de fortune peut seul nous faire connaître nos véritables amis.
Stanislas Leszczynski ; Le philosophe bienfaisant (1764)

Les amis de mes amis sont aussi mes amis.
Gotthold Ephraim Lessing ; Minna von Barnhelm (1767)

La lecture agrandit l'âme, et un ami éclairé la console.
Voltaire - François-Marie Arouet ; L'Ingénu (1767)

À nos anciens amis donnons la préférence, c'est le plus doux parti, comme le plus prudent.
Gotthold Ephraïm Lessing ; Le voyageur, l'orme et le mancenillier (1768)

L'amitié est un sentiment qui demande de l'énergie dans l'âme.
C'est une union sainte et presque religieuse, qui par une espèce de culte consacre tout entier l'ami à son ami.
Antoine Léonard Thomas ; Essai sur le caractère des femmes (1772)

Si la fortune vous élève, n'oubliez jamais vos amis lorsque vous serez devenu riche.
Il est aussi difficile de trouver de véritables amis qu'il l'est de trouver des personnes qui aiment nos intérêts autant et plus que les leurs, qui nous fassent connaître et supporter volontiers nos défauts, et qui nous préviennent et nous secourent dans tous nos besoins.
Ayez des amis, cherchez-en ; ils sont une source d'agréments et de bons conseils : mais encore une fois, sachez les distinguer et les choisir.
N'ambitionnez pas d'en avoir un grand nombre, les véritables amis, fidèles et sincères, sont rares, mais les faux amis par intérêt sont nombreux.
Un ami nouveau ne vaudra jamais un ancien ami.
Jean-Baptiste Blanchard ; L'école des mœurs (1772)

Si la personne que vous aimez depuis longtemps est moins parfaite ou moins honorable, elle vous est plus propre, et mieux faite à votre humeur.

Ce ne sont pas la noblesse, l'esprit ou la science qui font les douceurs de l'amitié, c'est la conformité du cœur et la sympathie des inclinations.

D'ailleurs, tout habit neuf incommode quelque temps, et toute nouvelle connaissance gène : les réserves et les cérémonies sont longues ; il faut s'étudier et se bien connaître avant que de se livrer avec confiance, et ce sont toujours de grandes affaires pour un homme sage et prudent, que des commencements d'amitié.

Si vous recherchez un ami, attachez-vous à l'homme droit et vrai, qui n'aime ni les déguisements ni les détours de la finesse, incompatibles avec la sincérité et l'ouverture que demande l'amitié.

Cherchez une humeur douce et facile, qui fait le plus grand agrément des liaisons ; un caractère complaisant qui sympathise avec le vôtre, car il n'y a que la conformité de caractère qui puisse rendre les unions durables.

Soyez, s'il se peut, aimé de tout le monde, mais n'ayez qu'un certain nombre d'amis, et choisissez-les bien.

L'impie, le jureur, le libertin : amis pernicieux.

Le joueur de profession, l'intrigant : amis dangereux.

L'homme vain, celui qui veut faire fortune à quelque prix que ce soit : amis faux.

Jean-Baptiste Blanchard ; L'école des mœurs (1772)

Le mauvais plaisant, celui qui veut seul avoir de l'esprit, le diseur de riens : amis ennuyeux.
Le médisant, le satirique : amis à craindre.
Le flatteur, le donneur de mauvais conseils : amis funestes.
Le caractère fantasque et bizarre, celui qui se fâche aisément et qui s'offense sans sujet : amis difficiles.
L'humeur capricieuse, l'esprit dur, celui qui vous fait trop acheter ses services : amis tyranniques, dont la haine serait moins insupportable que l'amitié.
Jean-Baptiste Blanchard ; L'école des mœurs (1772)

Dans tout ce que nos amis ou nos ennemis disent de nous, il ne faut pas chercher si ce qui les fait parler est l'amitié ou la haine, mais si ce qu'ils disent est vrai.
Edme de La Taille de Gaubertin ; Les pensées et réflexions (1775)

La véritable amitié, c'est comme la santé. Tu n'en connais la valeur que lorsque tu l'as perdue.
L'amitié finit parfois en amour, mais rarement l'amour en amitié.
La plupart de nos malheurs sont plus supportables que les commentaires que nos amis font sur eux.
Charles Caleb Colton (1780 – 1832)

L'idéal de l'amitié, c'est de se sentir un et de rester deux.
Sophie Swetchine (1782 - 1857)

Sans amis, il n'y a point de bonheur ; sans amis, le monde n'est qu'un désert.
Jacques-Henri Bernardin de Saint-Pierre ; Les voyages de Codrus (1788)

Un frère est un ami donné par la nature.
Gabriel-Marie Legouvé ; La Mort d'Abel (1792)

Lorsque je suis avec mon ami, je ne suis pas seul et nous ne sommes pas deux.
L'absence d'un ami auquel je suis attaché laisse un grand vide dans mon âme et ma vie !
Étienne-François de Lantier ; Les voyages d'Anténor en Grèce et en Asie (1798)

Au XIXe siècle

Un ami qui tombe dans le malheur doit nous en devenir plus cher.
Félicité de Genlis ; Les pensées et maximes détachées (1801)

On n'a pas de meilleur ami que la personne pour laquelle on a de l'amour.
L'amour s'use beaucoup plus promptement que l'amitié.
Car il est très rare que l'amour soit de longue durée ; et l'amitié, lorsqu'on a fait un choix heureux, peut subsister toute la vie.
On dit communément qu'il faut jeune maîtresse et vieux amis.
Jean-Claude Delamétherie ; De l'homme considéré moralement (1802)

Un ami est un homme devant lequel on peut penser à haute voix.
Une des bénédictions des vieux amis, c'est qu'on peut se permettre d'être stupide en leur présence.
Ralph Waldo Emerson (1803-1882)

Un cœur épuisé de douleur a besoin d'amitié.
Charles 1er ; Les consolations, IV (1804)

Tous les grands cœurs n'ont point été de parfaits amis, mais tous les parfaits amis ont été de grands cœurs.
Michel Antoine Servan ; Extrait d'un portefeuille (1807)

L'amitié est la passion des belles âmes.
Elle survit à l'amour, parce que les désirs s'envolent avec les grâces, et que l'amitié marche d'un pas égal à côté de la vertu.
Souvent la haine et l'amitié se touchent. La première peut disparaître devant le flambeau de la vérité.
Les plaisirs font les liaisons ; l'ambition lie les intrigues ; les goûts et l'intérêt forment les sociétés ; la vertu seule resserre les nœuds de l'amitié.
Guillaume Charles Antoine Pigault de l'Espinoy, dit Pigault-Lebrun ; L'Homme à projets (1807)

Tout le monde veut avoir un ami.
Personne ne s'occupe d'en être un.
Alphonse Karr (1808-1890)

Mes amis, êtes-vous bien sûrs de vous ressouvenir dans dix ans du nom de tous vos amis ?
François Gaston de Lévis ; Les maximes et réflexions sur différents sujets (1810)

Un ami est comme un melon. Il faut en essayer plusieurs avant d'en trouver un bon.
Alfred de Musset (1810-1857)

Celui qui n'est pas l'ami des femmes ne nous donne pas une meilleure idée de son esprit que de son cœur.
Joseph Sanial-Dubay ; Les pensées sur l'homme, le monde et les mœurs (1813)

Quelle noblesse d'avoir un ami, mais combien plus noble d'être un ami.
Richard Wagner (1813-1883)

Vis avec ton ami comme s'il devait être un jour ton ennemi.
Jacques-Henri Bernardin de Saint-Pierre ; De l'amitié (1815)

Si nous voulons une amitié durable, nous devons aimer nos amis pour eux et non pour nous.
Charlotte Brontë (1816-1855)

L'amour est comme l'églantine sauvage, l'amitié est comme le houx.
Le houx est sombre lorsque l'églantine est en fleur, mais lequel fleurit avec le plus de constance ?
Emily Brontë (1818–1848)

Beaucoup de gens traitent leurs amis comme les cartes, qu'ils jettent quand la partie est finie et même quand ils l'ont gagnée.
Chauvot de Beauchêne ; Les maximes, réflexions et pensées diverses (1819)

Un des plus grands bonheurs de cette vie, c'est l'amitié ; et l'un des bonheurs de l'amitié, c'est d'avoir à qui confier un secret.
Alessandro Manzoni ; Le comte de Carmagnola (1820)

Le véritable ami est plus sensible aux peines de son ami qu'affecté de ses propres peines, et il jouit plus de ce qui lui arrive d'heureux que du moindre changement en bien dans sa propre position.
Charles-Jean Baptiste Bonnin ; La doctrine sociale (1820)

Les nœuds de l'amitié sont à présent si fragiles, qu'ils se rompent d'eux-mêmes : ils ne font que rapprocher les cœurs sans les unir.
Plus l'amour vieillit, plus il est faible ; l'amitié au contraire se fortifie en vieillissant.
On ne saurait observer les lois d'une véritable amitié, quand on veut être l'ami de tout le monde.
Stanislas Leszczynski ; Œuvres choisies de Stanislas (1825)

Votre véritable ami est celui qui ne vous passe rien et qui vous pardonne tout.
Diane de Beausacq (1829-1899)

Tant qu'un grain d'amitié reste dans la balance, le souvenir souffrant s'attache à l'espérance.
Comme un enfant malade aux lèvres de sa sœur, l'esprit n'y voit pas clair avec les yeux du cœur.
Alfred de Musset ; Namouna (1831)

L'amitié est un bien précieux, nous devons nous garder de toute négligence dans le choix de nos amis.
Un ami est une chose rare, qui manque là surtout où elle semble abonder.
Ce ne sont point des amis, ceux qui viennent en foule assiéger la porte des rois et des grands.
Les palais riches sont pleins d'hommes, vides d'amis.
Le plus grand des malheurs est de perdre un ami.
Chacun de ceux qui sont unis par les mêmes goûts, par les mêmes volontés, se plaît dans son ami comme dans soi-même.
Et, il arrive alors ce que Pythagore disait : L'amitié est un seul homme formé de plusieurs.
Voulez-vous cultiver l'amitié : Ayez pour votre ami les sentiments que vous auriez pour vous-même ; endurez pour lui les mêmes travaux que vous supporteriez pour vous, jouissez de sa joie comme de votre joie, souffrez de sa douleur comme de votre douleur.
C'est la pensée unanime des sages : Nous devons aimer nos amis comme nous-mêmes.
Cela est possible : nous en avons l'idée, nous en voyons des exemples ; et il est clair qu'on ne peut rien imaginer de plus propre à faire le bonheur de la vie, qu'une semblable union.
Ambroise Rendu ; Le traité de morale (1834)

Entre les amis vertueux, il doit y avoir communauté de sentiments et de volontés : et pourtant, les amis doivent aussi s'adresser des avis réciproques ; donnés avec bienveillance, les avertissements doivent être reçus avec plaisir.

Il faudrait désespérer de l'homme dont les oreilles seraient fermées à la vérité, au point de ne pouvoir entendre la vérité de la bouche d'un ami.

Choisissons, autant qu'il se pourra, des amis libres du joug des passions ; car les vices se glissent comme des serpents, ils s'emparent de tout ce qui les approche, ils nuisent par leur contact.

Non qu'il faille absolument n'admettre comme ami que le sage parfait : où le trouver dans la longue suite des siècles ?

Ne nous faisons pas trop difficiles, mais choisissons le meilleur.

Ambroise Rendu ; Le traité de morale (1834)

Le rôle d'un ami, c'est de se trouver à votre côté quand vous êtes dans l'erreur puisque tout le monde sera à côté de vous quand vous aurez raison.

Mark Twain (1835-1910)

Quand nous sommes jeunes, nous croyons que nos amis réunissent toutes les qualités et toutes les vertus, et nous ne les aimons, pour ainsi dire, qu'à cette condition. À mesure que nous avançons en âge, nous devenons à la fois plus éclairés et plus indulgents, et, dans notre vieillesse, nous nous croyons trop heureux de trouver dans ceux que nous aimons une ou deux qualités essentielles.
Constance de Théis ; Les pensées diverses (1835)

Les ronces couvrent le chemin de l'amitié quand on n'y passe pas souvent.
Antoine Rivaroli dit Rivarol, Maximes et pensées (1836)

L'égoïsme est le poison de l'amitié.
Honoré de Balzac ; Les Illusions perdues (1837-1843)

N'abandonnez jamais vos amis lorsqu'ils souffrent, lorsqu'ils sont malades, lorsqu'ils s'absentent, lorsqu'ils vous réclament ; apportez-leur tous vos soins, vos consolations, votre courage ; donnez sans rien attendre en retour, la véritable amitié est sacrée.
Louis Marie de Lahaye de Cormenin ; Le maître d'école (1838)

L'amitié n'a de sens que si elle est prête à se prouver par un sacrifice.
Sully Prudhomme (1839 – 1907)

Ami, cache ta vie et répands ton esprit.
Victor Hugo ; Les Rayons et les Ombres (1840)

L'amitié, voyez-vous, c'est une étoile, tandis que l'amour… l'amour… eh bien, je la tiens, la comparaison… l'amour n'est qu'une bougie.
Alexandre Dumas ; La Reine Margot (1845)

Deux amis éloignés l'un de l'autre s'apprécient mieux et sentent davantage le prix de l'amitié ; leur correspondance les montre l'un à l'autre dans tout ce qu'il y a en eux de plus délicat, de plus exquis, ils se donnent pour ainsi dire mutuellement la fleur de leur être, et ils trouvent le secret de se faire un bonheur même de leur absence. Réunissez-les, leur bonheur est plus vif, ils s'étreignent avec ivresse.
Alfred Auguste Pilavoine ; Les pensées, mélanges et poésies (1845)

Les amis pleins de dévouement quand nous n'avons besoin de rien rappellent les sapins qui nous offrent de l'ombre en hiver.
John Petit-Senn ; Les bluettes et boutades (1846)

L'homme n'a pas de meilleure amie que la femme qu'il aime.
Alexandre Dumas, fils ; La vie à vingt ans (1850)

La perte d'un ami dépeuple l'univers à nos yeux.
Antoine Claude Gabriel Jobert ;
Le trésor de pensées (1852)

Heureux, tu compteras des amitiés sans nombre, mais adieu les amis, si le temps devient sombre.
François Ponsard ; L'honneur et l'argent (1853)

La véritable amitié ne comporte pas seulement l'estime, mais le respect ; il faut que l'on sente, jusque dans les épanchements de l'intimité, la présence et la dignité de la Vertu.
L'amitié ne cherche pas l'égalité, mais elle la produit. Elle met tout en commun entre les amis : la fortune, les qualités de l'esprit, les sentiments du cœur.
François-Jules Suisse, dit Jules Simon ; Le Devoir (1854)

L'amitié, par une sorte d'harmonie préétablie, ou de communication instantanée et mystérieuse, éveille la même pensée dans deux personnes éloignées de 50 lieux et plongées dans des sphères d'occupation toutes différentes.
Henri-Frédéric Amiel ; Journal intime, octobre 1855

Un ami de collège dans le malheur est le tonneau des Danaïdes.
Honoré de Balzac ; Les maximes et pensées (1856)

J'aime mieux voir le temps se brouiller que deux amis.
Les habits et les amis peuvent toujours se raccommoder.
Jean-Louis-Auguste Commerson ; La petite encyclopédie bouffonne (1860)

L'idéal de l'amitié, c'est de se sentir un et de rester deux.
Anne-Sophie Swetchine ; Pensées (1860)

L'ami véritable est celui qui ne craint pas de nous déplaire pour nous éclairer.
Évitez les trois quarts du chemin à l'ami qui revient vers vous.
Sosthène de La Rochefoucauld-Doudeauville ; Le livre des pensées (1861)

Un ami est quelqu'un avec qui on ose être soi-même.
Frank Crane (1861 - 1928)

Il n'y a pas de meilleur ami qu'une amie, cela pense à tout et pourvoit aussi à tout.
Henri-Frédéric Amiel ; Journal intime, février 1864.

On n'a d'amis que parmi ses égaux.
Alexandre Dumas, fils ; L'affaire Clemenceau (1866)

Une amitié qui ne peut pas résister aux actes condamnables de l'ami n'est pas une amitié.
Emile-Auguste Chartier dit Alain (1868 - 1951)

L'intérêt, l'ambition, la fortune, le temps, l'humeur, l'amour tuent l'amitié.
L'amitié, c'est l'idéal ; les amis, c'est la réalité ; toujours la réalité reste loin de l'idéal.
Joseph Roux ; Pensées (1866)

Il n'y a que les amis intimes pour porter les fardeaux les uns des autres ; et encore, chacun ayant ses secrètes douleurs, ses croix et ses tristesses, ses anxiétés et ses regrets, les amis qui souffrent se dérobent aux amis épargnés pour ne pas empoisonner les rares heures de joie de ceux-ci par le spectacle de maux peut-être sans remède.
Henri-Frédéric Amiel ; Journal intime (1869).

J'ai pour but l'amitié avec le monde entier. Je peux unir le plus grand amour à la plus ferme opposition au mal.
Gandhi (1869 – 1948)

L'artiste qui sacrifie une heure de travail pour une heure de causerie avec un ami sait qu'il sacrifie une réalité pour quelque chose qui n'existe pas.
Marcel Proust (1871 – 1922)

Quand un ami souffre, ne pas souffrir m'est impossible.
Henri-Frédéric Amiel ; Journal intime (1872)

Il est bon de traiter l'amitié comme les vins et de se méfier des mélanges.
Colette (1873 – 1954)

Il n'y a dans ce monde qu'un objet de première nécessité, c'est un ami à qui l'on peut tout dire.
Victor Cherbuliez ; Le fiancé de Mademoiselle Saint-Maur (1876)

Brièvement, je vous dirai ce qui distingue un ami ;
Que l'on fasse le mal, il avertit ;
Que l'on fasse le bien, il exhorte à la persévérance ;
Que l'on soit en difficulté ou en danger, il assiste, soulage et délivre.
Un tel homme est, vraiment, un ami véritable et distingué.
Texte Fo-pen-hing-tsih-king cité par Samuel Beal dans Life of Buddha (1876)

J'ai toujours pensé que le grand privilège de l'amitié, son appui et son réconfort, était de ne rien avoir à expliquer.
Katherine Mansfield (1888 - 1923)

L'amitié consiste à nous faire supporter les défauts de nos amis, et non pas à nous les faire ignorer.
Comte de Charencey ; Pensées et maximes diverses (1888)

Un jugement clair, reposant sur des informations exactes est, à son tour, le vrai chemin vers l'amitié et la sympathie parmi les nations du monde.
Prince Fumimaro Konoye (1891-1945)

L'amour peut se passer d'estime, pas l'amitié.
Arletty (1898 – 1992)

La véritable amitié se reconnaît à ce qu'elle ne guette dans notre cœur aucune succession à prendre et qu'elle trouve toujours, pour y faire son entrée, des voies semées de fleurs et l'arc de triomphe tout dressé. Toute amitié rompue d'un côté l'est des deux.
Paul Masson ; Les pensées d'un Yoghi (1896)

Le bonheur est en nous, puisqu'en amitié comme en amour on jouit surtout de ce que l'on donne.
Marie Valyère ; Nuances morales, nouvelles pensées (1899)

Au XXe siècle

Une amitié est perdue quand il faut penser à la défendre.
Charles Péguy ; Les Cahiers de la quinzaine (1900)

Si ton ami boite du pied droit, boite du gauche, pour que votre amitié reste dans un équilibre harmonieux.
Jules Renard ; Journal, 10 mai 1906

Un mot amical ne coûte rien, et pourtant c'est le plus beau des cadeaux.
Daphné Du Maurier (1907 - 1989)

Je serai donc l'amie de ceux qui m'aiment telle que je suis.
Frida Kahlo (1907 - 1954), peintre mexicaine.

Un ami dans la vie est très bien ; deux, c'est beaucoup ; trois, c'est à peine possible.
L'amitié nécessite un certain parallélisme dans la vie, une communauté de pensée, une rivalité de but.
Henry Brooks Adams : Éducation d'Henry Adams (1907)

L'amitié peut se passer longtemps de preuves.
Jules Renard ; Journal, 15 octobre 1908

Parmi les êtres humains, on ne reconnaît pleinement l'existence que de ceux qu'on aime.
Simone Weil (1909 - 1943)

Ne laissez personne venir à vous et repartir sans être plus heureux.
Mère Teresa (1910 - 1997)

L'ami de tous ignore l'amitié.
L'ami devait être l'autre nous-même, celui qu'on sert avant soi : voilà le portrait.
Où est le modèle ?
C'est aux plus humbles amis qu'on demande souvent les choses les plus désagréables.
Il y a bien des gens qui ne sont que des demi : demi-amis, demi-époux, demi-maîtres...
incomplets, toujours.
Aimons nos amis tout à fait en dehors de leur bourse, si c'est possible.
Les femmes prennent souvent le chemin de l'amitié dans l'espoir d'y rencontrer l'amour.
L'amour sait mieux offrir, l'amitié mieux donner.
Anne Barratin ; De toutes les paroisses (1913)

En amitié, on progresse ; en amour, on décroît.
Jules Renard ; L'œil clair (1913)

Un ami qui meurt, c'est quelque chose de vous qui meurt.
Gustave Flaubert ; Les pensées de Gustave Flaubert (1915)

Une loi naturelle veut que l'on désire son contraire, mais que l'on s'entende avec son semblable.
L'amour suppose des différences.
L'amitié suppose une égalité, une similitude de goûts, de force et de tempérament.
Françoise Parturier (1919-1995)

Un ami, c'est quelqu'un sur qui nous pouvons toujours compter pour compter sur nous.
François Périer (1919-2002)

La véritable amitié sait être lucide quand il faut, aveugle quand elle doit.
Francis Blanche (1921 - 1974)

L'amitié n'exige rien en échange, que de l'entretien.
Georges Brassens (1921-1981)

Des amis, un flacon de vin, du loisir, un livre, un coin parmi les fleurs…
Je n'échangerai pas cette joie pour un monde, présent ou à venir.
Charles Devillers, Hafez ; Les ghazels de Hafiz (1922)

L'âge entraîne une raréfaction des liens aux autres, puisque des compagnons disparaissent, alors que l'aptitude à contracter de nouveaux liens, d'autres amitiés, diminue. La vieillesse est seule.
Gilles Lapouge (1923 -)

Et dans la douceur de l'amitié, faites qu'il y ait place pour le rire et le partage des plaisirs.
Car le cœur trouve son matin dans la rosée des petites choses, et s'en trouve rafraîchi.
Et qu'il n'y ait d'autre but à l'amitié que l'approfondissement de l'être.
Car l'amour qui recherche autre chose que la révélation de son mystère n'est pas l'amour, mais un filet que l'on jette : seul l'inutile s'y trouve attrapé.
Quand votre ami révèle le fond de sa pensée, n'ayez pas peur de ce qui dit « non » dans votre conscience ni ne rejetez-le « oui ».
Et quand il demeure en silence que votre cœur ne cesse d'écouter son cœur ;
Car en amitié, sans avoir besoin de mots, toutes les pensées, tous les désirs, toutes les attentes se partagent dans une joie qui reste secrète.
En amitié toute pensée, tout désir, toute attente naissent et se partagent sans un mot, avec une joie secrète.
Khalil Gibran ; Le prophète (1923)

Je serais si délicat avec la personne qui me témoignerait de l'amitié. Jamais je ne la contrarierais...
Elle n'aurait qu'à dire une plaisanterie, je rirais ; on l'attristerait, je pleurerais.
Emmanuel Bove ; Mes amis (1924)

Une seule rose peut être mon jardin.
Un seul ami, mon monde.
Leo Buscaglia (1924 - 1998)

Amour et amitié, c'est la nuit et le jour.
L'amitié, un oiseau d'amour qui a la queue coupée.
L'admiration se passe de l'amitié. Elle se suffit à elle-même.
Jules Renard ; Journal (1925)

L'amitié est toujours une douce responsabilité, jamais une opportunité.
Khalil Gibran ; Le sable et l'écume (1926)

À la fin, nous nous souviendrons, non pas des mots de nos ennemis, mais des silences de nos amis.
Martin Luther King (1929-1968)

Un ami, c'est un homme qui a plus de crédit que personne quand il dit du mal de nous.
Jean Rostand ; Journal d'un caractère (1931)

Il n'y a pas de plaisir comparable à celui de rencontrer un vieil ami, excepté peut-être d'en faire un nouveau.
Rudyard Kipling ; Un beau dimanche anglais (1931)

L'une des fonctions principales d'un ami consiste à subir, sous une forme plus douce et symbolique, les châtiments que nous désirerions, sans le pouvoir, infliger à nos ennemis.
Aldous Huxley ; Le meilleur des Mondes (1931)

L'amitié vraie est très rare, comme l'amour.
C'est une chance, si elle nous accompagne toute la vie.
Il suffit de savoir qu'elle existe et que l'homme en est capable.
Jacques Chardonne ; L'Amour du prochain (1932)

Vous avez la vocation de l'amitié, observait un jour mon vieux maître le chanoine Durieux.
Prenez garde qu'elle ne tourne à la passion.
De toutes, c'est la seule dont on ne soit jamais guéri.
Georges Bernanos ; Journal d'un curé de campagne (1936)

Aimer, ce n'est pas se regarder l'un l'autre.
C'est regarder ensemble dans la même direction.
Antoine de Saint-Exupéry ; Terre des Hommes (1938)

Amis ou ennemis, il est toujours bon de bien connaître ceux qu'on aime, et meilleur encore de mieux connaître ceux qu'on aime moins.
Georges Bonneau ; Le Problème de la poésie japonaise (1938)

Pour conserver un ami, il faut encore plus d'obstination que d'amitié.
Charles Régismanset ; Les nouvelles contradictions (1939)

L'amitié est avant tout certitude, c'est ce qui la distingue de l'amour.
Elle est aussi respect total d'un autre être.
Marguerite Yourcenar ; Le coup de grâce (1939)

Il n'y a pas d'amour ni d'amitié qui croise le chemin de notre destinée sans laisser de marque pour toujours.
Rien n'est jamais acquis une fois pour toutes avec les êtres, ni en amour ni en amitié.
François Mauriac ; La pharisienne (1941)

Les hommes n'ont plus le temps de ne rien connaître. Ils achètent des choses toutes faites chez des marchands. Mais comme il n'existe point de marchands d'amis, les hommes n'ont plus d'amis.
Ce n'était qu'un renard semblable à cent mille autres. Mais j'en ai fait mon ami, et il est maintenant unique au monde. Tu deviens responsable pour toujours de ce que tu as apprivoisé.
Antoine de Saint-Exupéry ; Le Petit Prince (1943-1946)

Désirer l'amitié est une grande faute.
L'amitié doit être une joie gratuite comme celles que donne l'art, ou la vie.
Simone Weil ; La pesanteur et la grâce (1947)

La seule amitié qui vaille est celle qui vient à nous.
Franz Hellens ; Naitre et mourir (1948)

Ne marche pas devant moi, je ne te suivrai peut-être pas.
Ne marche pas derrière moi, je ne te guiderai peut-être pas.
Marche à côté de moi et sois simplement mon amie.
Albert Camus ; Les Justes (1949)

Il n'y a rien de plus triste qu'une amitié qui ne tient plus que par la colle des timbres-poste.
Quand on ne veut plus voir, entendre, ou toucher un homme, il vaut mieux rompre les amarres.
John Steinbeck ; A l'est d'Eden (1952)

L'amitié est une chose merveilleuse à partir du moment où l'on peut se taire ensemble sans malaise.
Louise Maheux-Forcier ; Amadou (1963)

Un ami, c'est un homme que l'on ne voit jamais et auquel on pense avec plaisir.
Jacques Chardonne ; Demi-jour (1964)

L'amitié est plus immuable que l'amour, car elle n'exige rien en retour.
Un ami perdu ne peut se remplacer parce qu'il est impossible de se donner totalement deux fois dans sa vie.
Anne Bernard ; La Chèvre d'or (1965)

Le principal ennemi de l'amitié, ce n'est pas l'amour. C'est l'ambition.
Philippe Soupault ; L'Amitié (1965)

C'est avec l'esprit que les gens éprouvent de l'amitié.
Marie-Claire Blais ; Les apparences (1970)

L'amitié, la confiance, la sympathie ne peuvent naître entre ceux qui ne se comprennent point.
Jovette Marchessault ; Comme un enfant de la terre (1975)

Pour que l'amitié soit de l'amitié, il faut qu'elle ait fait ses preuves avant que les conditions de vie n'en soient arrivées à la limite extrême au-delà de laquelle il n'y a plus rien d'humain dans l'homme, et qu'il ne reste que la méfiance, la rage et le mensonge.
Aucune amitié ne peut se nouer dans la faim, le froid et le manque de sommeil, et malgré sa jeunesse, Dougaiev comprenait parfaitement à quel point était faux l'adage selon lequel c'est dans le malheur et dans la peine qu'on éprouve les amitiés.
Varlam Chalamov ; Récits de la Kolyma (1978)

Le premier devoir d'un ami, c'est de ne jamais juger son ami, mais au contraire de l'accepter en bloc, tel qu'il est, d'aimer également ses qualités et ses défauts.
Jean Dutourd ; Le bonheur et autres idées (1980)

Je crois d'ailleurs que l'amitié, comme l'amour dont elle participe, demande presque autant d'art qu'une figure de danse réussie.
Il y faut beaucoup d'élan et beaucoup de retenue, beaucoup d'échanges et de paroles et beaucoup de silences.
Marguerite Duras ; Les Yeux ouverts (1980)

Sans discussion, il n'est pas de véritable amitié.
Vassili Grossman ; Vie et Destin (1980)

L'amitié est un bien supérieur à toutes les vertus.
Sache que je suis et serai toujours dans cette amitié avec toi, pour toi, confondu en toi.
Tahar Ben Jelloun ; La prière de l'absent (1981)

Il en est de l'amitié comme de la pureté ; la moindre flétrissure suffit à en troubler la transparence.
On n'apprend pas l'amour. Il existe. On n'apprend pas davantage l'amitié.
L'amitié est la forme spécifique de l'amour qui a pour objet un être que l'on apprécie et qui, d'un point de vue éthique, se conduit correctement.
Il en est de l'amitié comme de la pureté ; la moindre flétrissure suffit à en troubler la transparence.
L'amitié qui n'est pas discrète est dangereuse.
Francesco Alberoni ; L'amitié (1984)

La vraie amitié n'a pas besoin de mots pour venir en aide à l'autre.
Alice Parizeau ; L'Amour de Jeanne (1986)

En ces temps de modernité fluide, nous aspirons désespérément à l'amitié profonde et à la camaraderie. La main tendue d'un ami loyal et constant, une main qui sera toujours tendue en cas de besoin - voilà une île pour les naufragés, une oasis au milieu du désert.
Nous avons tous besoin d'une telle main.
Zygmunt Bauman ; Modernité et Holocauste (1989)

L'image que nos plus anciens amis se font de nous fait penser à ce miroir étrange qui vous refléterait avec quelques années de retard.
Robert Sabatier ; Le livre de la déraison souriante (1991)

L'amitié est une force, un univers intime qu'il est difficile de raconter et de décrire, un monde en soi dans lequel on pénètre sur la pointe des pieds pour ne pas la déformer ou l'abîmer d'un mot, d'une phrase, d'une remarque inconsidérée.
Alice Parizeau ; Une femme (1991)

En amour on est un contre un, en amitié nous sommes deux.
C'est ce que les hommes aiment faire ensemble qui fait l'amitié.
Nicolas Hulot ; Etats d'âme (1991)

L'amitié libératrice souffle de son côté :
Tu existes indépendamment de moi et j'existe en dehors de toi, c'est cela qui est merveilleux !
Permettre l'amitié, c'est renoncer à son pouvoir, oublier sa peur, c'est reconnaître et aimer l'égalité de l'autre.
L'amitié n'est ni une compensation ni une consolation aux amours malheureuses.
Il ne s'agit pas non plus de choisir entre elle et la passion amoureuse : l'amitié a cette caractéristique de n'être point exclusive et d'élargir l'être plutôt que de le confiner ou le restreindre
L'amitié nous donne la chance de désherber notre jardin intérieur, ou de faire fleurir notre propre désert.
Jacqueline Kelen ; Aimer d'amitié (1992)

Protégez les animaux et recherchez leur amitié, car elle est plus sincère que celle de nos frères les hommes.
L'amitié bien comprise est celle qui nous fait accepter tels qu'ils sont ceux que nous fréquentons, avec ce qui les rend différents de nous.
François-Joseph Amon d'Aby ; La mare aux crocodiles (1992)

Un ami est celui qui parle avec toute la sincérité et la franchise que l'amitié véritable requiert.
Tahar Ben Jelloun ; La soudure fraternelle (1994)

Vous ne pouvez avoir de l'amitié pour quelqu'un qui n'a pas d'amitié pour vous.
Ou elle est partagée, ou elle n'est pas.
La grande différence entre l'amour et l'amitié, c'est qu'il ne peut y avoir d'amitié sans réciprocité.
En somme, il ne peut pas y avoir d'amitié malheureuse.
Michel Tournier ; Le miroir des idées (1994)

On ne peut faire d'un frère un ami ni traiter un ami comme un frère.
Les blessures d'amitié sont inconsolables.
L'amitié est un amour où la guerre et la haine sont proscrites, où le silence est possible.
Je considère qu'un ami est celui qui ne ment pas, ne fait pas semblant et parle avec toute la sincérité, la franchise que l'amitié véritable requiert.
L'amitié est une religion sans Dieu ni jugement dernier.
Tahar Ben Jelloun ; Éloge de l'amitié (1994)

L'amitié qui se lit sur les visages et dans les gestes devient comme une prairie dessinée par un rêve dans une longue nuit de solitude.
L'amitié ne rend pas le malheur plus léger, mais en se faisant présence et dévouement, elle permet d'en partager le poids, et ouvre les portes de l'apaisement.
L'amitié, elle, est beaucoup plus solide : si un parent peut toujours se dérober, ce n'est pas le cas d'un ami. Sans dévouement, le mot amitié lui-même perdrait tout son sens, pas le mot parenté.
Penser à l'autre, savoir être présent quand il le faut, avoir les mots et les gestes qu'il faut, faire preuve de constance dans la fidélité, c'est cela l'amitié, et c'est rare.
Le temps est le meilleur bâtisseur de l'amitié. Il est aussi son témoin et sa conscience. Les chemins se séparent, puis se croisent.
Tahar Ben Jelloun ; Éloge de l'amitié (1994)

L'amitié est une fleur qui pousse en maints endroits ; parfois dans un creux abrité des tempêtes, mais parfois aussi à flanc de colline, profondément enracinée pour résister au vent.
L'amitié est une fleur rare et précieuse, car les fleurs n'ouvrent leurs pétales que sous la caresse du soleil, et les pensées, comme les bourgeons, ne s'épanouissent que dans le partage, lorsque la chaleur de l'amour vient les toucher.
Mary Hathaway ; Hymne à l'Âge (1996)

L'amitié totale est universelle.
Et seule l'amitié universelle peut être une amitié totale.
Tout lien particulier manque de profondeur, s'il n'est ouvert à l'amitié universelle.
Jean Guitton ; Mon testament philosophique (1997)

Une amitié qui a duré quelques années, si elle se dénoue, on doit accepter le fait sans aigreur ; elle devait finir un jour. Que l'on se souvienne seulement de ce qu'elle fut, non de ce qu'elle est devenue.
Emil Cioran ; Cahiers 1957-1972 (1997)

Nous pouvons aimer celui qui ne nous aime pas, qui nous maltraite. L'amitié, au contraire, s'édifie petit à petit sur le terrain solide de la connaissance, de la confiance attestée.
Francesco Alberoni ; Le premier amour (1997)

Au XXIe siècle

Entre l'amour et l'amitié, il n'y a qu'un lit de différence, un simple pageot, un pucier, où deux animaux se dépensent.
Henri Tachan ; L'Amour et l'Amitié (2000)

L'amitié est une preuve de confiance, où naissent nos plus belles confidences.
Maxalexis ; L'amitié sincère (2001)

L'amitié suppose qu'on s'aime pour ce qu'on a de différent non pour ce qu'on a de commun.
C'est étrange l'amitié.
Alors qu'en amour, on parle d'amour, entre vrais amis on ne parle pas d'amitié.
L'amitié, on la fait sans la nommer ni la commenter.
C'est fort et silencieux. C'est pudique. C'est viril.
C'est le romantisme des hommes.
Elle doit être beaucoup plus profonde et solide que l'amour pour qu'on ne la disperse pas sottement en mots, en déclarations, en poèmes, en lettres.
Éric-Emmanuel Schmitt ; La part de l'autre (2001)

L'amitié, c'est ce qui vient au cœur quand on fait ensemble des choses belles et difficiles.
Abbé Pierre ; Confessions (2002)

L'amitié ne se distingue de l'amour que dans l'immédiat.
L'amour exige un acte ; l'amitié, mille.
C'est perpétuellement qu'on est l'ami d'un homme.
C'est par saccades qu'on est l'amant d'une femme.
L'amitié est spirituelle ; l'amour, temporel.
Georges Perros ; Pour ainsi dire (2004)

L'amitié est basée sur deux choses : le respect et la confiance.
Ces deux facteurs doivent obligatoirement s'y trouver.
Et ça doit être réciproque.
On peut avoir du respect pour quelqu'un, mais si on n'a pas la confiance, l'amitié s'effrite.
Stieg Larsson ; Millénium, Tome 1 : Les hommes qui n'aimaient pas les femmes (2005)

La véritable amitié transcende l'affection comme la désaffection : se voir ? Ne pas se voir ?
Cela ne fait aucune différence.
Sur le vieux prunier en pleine floraison la branche du sud possède le printemps tout entier, et la branche du nord aussi.
Nyogen Senzaki ; Cent kôans zen (2005)

J'ai rencontré l'amitié et depuis ce jour elle marche toujours à mes côtés.
Fabien dit Grand Corps Malade ; Rencontres (2005)

Tu vois en amitié, on ne passe pas devant le maire, alors il n'y a pas vraiment de date d'anniversaire.
Mais ça peut quand même durer toute une vie puisqu'on s'est choisi.
Marc Levy ; Mes amis, mes amours (2006)

Ça doit être quelque chose dans ce genre-là, l'amitié. Accepter que l'autre s'égare sur des chemins loin de vous et accepter qu'il en revienne, sans rancœur.
Jean-Philippe Blondel ; Passage du gué (2006)

L'amitié est plus rare que l'amour et nécessite une intégrité absolue.
Serge Gainsbourg ; Pensées, provocs et autres (2006)

L'amitié n'est pas un lien du sang, mais du cœur.
Angelina Pereira Gomes ; Amandie... Mille espoirs (2008)

Le temps des tempêtes arrive avant qu'on l'ait prédit ;
Quand tout s'abîme,
Il ne reste qu'une île, un port, un parti ;
On n'est riche que de ses amis... c'est dit.
Calogero ; Extrait de la chanson « C'est dit » (2009)

Vous m'avez montré que l'adage qui veut que l'amitié double les joies et réduise de moitié les peines n'est pas qu'une formule.
Guillaume Musso ; La fille de papier (2010)

L'amitié s'entretient comme un jardin : ne pas hésiter à arracher les mauvaises herbes.
L'amitié est comme la gymnastique : elle demande des exercices quotidiens.
Contrairement à l'amour, il n'y a pas d'amitié à sens unique.
L'amitié est plus dangereuse que l'amour : elle vous oblige parfois à dire la vérité.
L'amitié est la grande sœur de l'amour : elle le console.
Nadine de Rothschild ; Carnets intimes (2010)

Tout amour, toute amitié sincère est une histoire de transformation inattendue.
Si nous sommes la même personne avant et après avoir aimé, cela signifie que nous n'avons pas suffisamment aimé.
Elif Shafak ; Soufi mon amour (2010)

L'amitié est un fil fin et indestructible qui traverse la vie et tous ses changements.
Frederico Moccia ; J'ai failli te dire Oui (2010

Je pense que l'amitié est vraiment un bien précieux, peut-être la chose la plus importante au monde après la famille.
Laura Kasischke ; Les Revenants (2011)

Entre amis, on peut se dire ce que nous avons sur le cœur.
Tahar Ben Jelloun ; Le bonheur conjugal (2012)

Le courage. La bonté. L'amitié. La force de caractère.
Ce sont des qualités qui nous définissent en tant
qu'êtres humains et nous conduisent, à l'occasion, à de
grandes choses.
Raquel Jaramillo Palacio ; Wonder (2012)

Le seul danger de l'Amitié est qu'elle prenne fin.
Bien que sauvage, c'est une plante fragile. La moindre
déloyauté, même inconsciente, suffit à la vicier.
L'Ami dont savoir que les défauts qu'il remarque chez
son Ami attirent les siens.
Henry David Thoreau ; Sept jours sur le fleuve (2012)

L'amitié a besoin de lumière. On dirait une veilleuse qui
brûlerait jour et nuit de l'antichambre de l'indifférence.
À côté, l'amour n'est qu'une bougie.
André Bucher ; Une géographie intime (2012)

En amitié, comme en amour, il est des relations aussi
légères que des bulles de savon.
Maxalexis ; Les faux amis (2013)

Quand la confiance éternue, l'amour et l'amitié
s'enrhument.
Mazouz Hacène ; Citations et méditation (2015)

Rien de plus malaisé que d'obtenir de nos amis qu'ils
nous fichent la paix. Dès qu'on prend un peu le large par
amour du silence, ils se croient trahis.
Claude Michel Cluny (1930–2015)

L'intensité d'une amitié, ça vous fait une joie pour mille ans, c'est comme un amour, ça vous rentre par le nombril et vous inonde tout entier.
Ça ne se mesure pas en mois.
Évelyne Pisier, Caroline Laurent ; Et soudain, la liberté (2017)

L'amitié, c'est parfois de respecter les silences.
Agnès Ledig ; De tes nouvelles (2017)

L'amitié, elle, ne supporte aucun arrangement. Elle réclame l'entière sincérité des deux parties.
Prendre une bière et faire trois blagues, on est toujours sûr d'y arriver. Mais rencontrer un interlocuteur avec qui on puisse vraiment discuter est quelque chose de rare.
Virginie Despentes ; Vernon Subutex, Tome 2 (2016)

La grande amitié a toujours quelque chose d'amoureux, d'exclusif, d'immédiat, une alchimie aussi implacable que le désir charnel.
Virginie Despentes ; Vernon Subutex, Tome 3 (2017)
Savez-vous ce que c'est que l'amitié ?
Croyez-vous que ce soit un sentiment plus tiède qui se contente des restes et des menus services que l'on ne peut éviter de se rendre ?
L'amitié, je crois que c'est de l'amour plus fort et plus exclusif... mais moins « tapageur ».
L'amitié connaît la jalousie, l'attente, le désir...
Marcelle Sauvageot ; Laissez-moi (2018)

L'amitié c'était décidément comme l'amour : savoir évoluer ensemble dans la même direction.
Aurélie Valognes ; La cerise sur le gâteau (2019)

L'amitié c'est la deuxième partie de notre cœur...
Il suffit d'en comprendre sa profondeur pour en évaluer sa grandeur...
L'amitié est une part de votre bonheur...
Descrea (Pascal Desliens)

Ce qui est incroyable, en amitié, c'est que l'on comprend l'autre à l'aune de soi-même, à travers ses propres épreuves et blessures.
Connie Palmen

Tout comme un livre difficile, un ami difficile peut nous enseigner quelque chose.
Il peut nous pousser à changer.
Catelijne Elzes (journaliste néerlandaise)

Ne pas avoir confiance qu'en soi : on doit espérer des amis, mais surtout de la vie.
Apprendre à écouter les autres, c'est apprendre à s'écouter soi-même.
Il ne faut pas hésiter à être sélectif en amitié pour donner davantage à ceux qui nous aiment vraiment.
Jean Gastaldi

Un ami, c'est quelqu'un avec qui on peut ne rien faire et y trouver du plaisir.
Auteur inconnu

Un ami ordinaire ne t'a jamais vu pleurer, un ami véritable a eu les épaules humides de tes pleurs.
Auteur inconnu

Proverbes sur l'amitié

Historique des proverbes

Son origine remonte à l'Antiquité égyptienne sous le terme de **sebayt**[1].

La première découverte eut lieu en 1843 lorsque l'explorateur français Émile Prisse d'Avesnes découvrit l'un des plus anciens manuscrits du monde. Le papier de papyrus était réalisé avec la tige de la plante Cyperus papyrus permettant de fabriquer les rouleaux et éditer les plus anciens manuscrits connus à ce jour.
Ce manuscrit est composé de deux traités de morale : **Les préceptes de Kagemni** et **Le livre des maximes de Ptahhotep**.
C'est dans ce dernier document que l'on trouve trace des premiers proverbes et sentences.
Ptahhotep était vizir (l'équivalent d'un préfet) sous le règne du pharaon Djedkarê Isési (connu en grec sous le nom de Tancheres - environ 2400 av. J.-C.).
Souhaitant transmettre la tradition à son fils, il demanda au pharaon l'autorisation de mettre par écrit la tradition orale égyptienne.

---

[1] Cette sagesse est une forme de littérature de l'Égypte antique. Il s'agit d'un recueil de maximes et de préceptes éthiques et moraux.

Ce premier texte, intitulé **l'Enseignement de Ptahhotep**, deviendra un texte fondamental dans les sagesses égyptiennes. Il fut utilisé pour transmettre le bon usage de la parole, et comme modèle pour enseigner les enfants des plus grands hommes de l'époque.

En voici quelques extraits.

- ✓ « Suis ton cœur aussi longtemps que tu vis.
- ✓ « Apprends auprès de celui qui est ignorant comme auprès du savant.
- ✓ « Qui transgresse la loi en portera le châtiment.
- ✓ « Qui a obéi devient quelqu'un à qui l'on obéira.
- ✓ « Il n'y a pas d'expert qui soit absolument compétent... »

La seconde découverte eut lieu dans une tombe à Thèbes en 1887, Le **Papyrus d'Ani**.

Datant d'environ 1550 av. J.-C., sous la XVIIIe dynastie, il est conservé de nos jours au British Museum de Londres après avoir été découpé en trente-sept feuillets.

En voici quelques extraits.

- ✓ « Le chef du troupeau est un animal comme les autres.
- ✓ « Épouse une femme dans ta jeunesse, et qu'elle enfante pendant que tu es jeune.
- ✓ « Tout homme peut détruire à cause de sa langue.
- ✓ « Lie-toi d'amitié avec un homme rigoureux et juste, dont tu auras observé les actions.
- ✓ « Tiens-toi écarté du rebelle, et ne t'en fais point un ami... »...

Proverbes et dictons français

Un ami pour l'autre veille.
Ami de chacun, ami d'aucun.
(Les proverbes communs - XVe siècle.)

Qui s'aime trop n'a point d'amis.
Vieille amitié ne craint pas la rouille.
Querelle d'amis ne dure guère.
(Les adages français - XVe siècle.)

Il n'est secours que de vrais amis.
(Le trésor des sentences, 1568)

L'appui d'un ami ne s'achète pas au marché.
(Les proverbes et dictons communs, 1611)

La parfaite amitié n'est pas dans la jeunesse.
(Le dictionnaire des proverbes français, 1749)

Maison de terre, ami de bouche, ne valent le pied d'une mouche.
(Les matinées sénonaises de l'abbé Tuet, 1789).

Or, vin, ami et serviteur, le plus vieux est le meilleur.
(Le dictionnaire des proverbes provençaux, 1823)

Un seul Dieu nous suffit, mais il nous faut plus d'un ami.
L'ami qui nous tend la main ne se remet pas au lendemain.
(Dictionnaire des proverbes et idiotismes français, 1827)

Fais de l'ami comme de l'or : ne le prends pas avant de l'avoir reconnu, éprouvé.
Vieil ami, compte récent.
Un ami sincère vaut mieux que cent parents.
(Les anciens proverbes basques et gascons, 1845)

Chéris ton ami pour les bonnes qualités qu'il a, et ne l'abandonne pas pour quelque petit défaut, car chacun a le sien.
(Les proverbes et poésies basques, 1847)

Nulle amitié sans crainte.
(La petite encyclopédie des proverbes, 1852)

L'amitié s'enrichit des pertes de l'amour.
La véritable amitié repose sur une confiance réciproque qui n'admet ni réserve ni exception.
L'amitié n'existe réellement qu'entre gens vertueux qui n'ont rien à se cacher.
(La fleur des proverbes français, 1853)

L'amitié ne connaît ni feinte ni déguisement, tout y est sincère, tout part du cœur.
L'amitié s'entretient par des attentions réciproques et une confiance sans réserve.
L'amitié est un feu qui éclaire l'esprit et qui réchauffe sans jamais brûler.
L'amitié est un plaisir de toutes les saisons de la vie.
Qui met des restrictions à l'amitié ne la connaît pas.
Les serments de l'amour prouvent son inconstance, l'amitié n'en prononce pas.
L'absence est le creuset où l'amitié s'éprouve.
L'amour a plus de fleurs, l'amitié a moins d'épines.
Qui veut conserver un ami, qu'il n'ait point d'affaire avec lui.
Un ami c'est un frère que l'on s'est choisi.
Un ami véritable est une douce chose.
Riche est l'homme qui sait qui lui est ami.
Un bon ami vaut mieux que la solitude.
Un bon ami pour l'autre veille.
Attaquer mon ami, c'est s'attaquer à moi.
(Le recueil d'apophtegmes et axiomes, 1855)

Qui n'a point d'amis ne vit qu'à demi.
(Histoire des proverbes, 1855)

Un bon ami vaut mieux qu'un parent.
(Le recueil des proverbes et adages bretons, 1856)

L'amitié rompue ne se renoue pas sans que le nœud paraisse ou se ressente.
Il n'est pas de meilleur médecin qu'un véritable ami.
Un ami sincère est un présent de Dieu.
Au besoin on voit qui amis est.
Amitié dans la peine, amitié certaine.
(Les meilleurs proverbes français, 1864)

L'amitié d'une jeune fille, c'est rosée du mois de mai ; au soleil levé, il n'y en a plus.
Œuf d'une heure, pain d'un jour, vin d'un an, poisson de dix, maîtresse de quinze, ami de trente.
(Les proverbes et dictons de la Franche-Comté, 1876)

Bonne amitié, seconde parenté.
L'amitié s'enrichit de tout ce qu'elle donne.
Le temps sert l'amitié, mais le temps dessert l'amour.
L'amour veut conquérir, l'amitié conserver.
Pour les cœurs corrompus, l'amitié n'est point faite.
Avant de bien connaître un ami, il convient de manger beaucoup de sel avec lui.
On n'a pas tout perdu tant qu'il reste un ami.
Le plus bel âge de l'amitié est la vieillesse.
Un ami veille pour l'autre.
(Dictionnaire des sentences et proverbes, 1892)

Mieux vaut boire l'eau d'un ami que boire le vin d'un traître.
(Proverbes bretons traduits en français, 1998)

L'adversité est la pierre de touche de l'amitié.
La table est l'entremetteuse de l'amitié.
Le frère est ami de nature, mais son amitié n'est pas sûre.
Recevoir sans donner fait tourner l'amitié.
Les petits présents entretiennent l'amitié.
L'amitié rompue n'est jamais bien soudée.
Il ne faut pas laisser croître l'herbe sur le chemin de l'amitié.
Une haie entre voisins préserve l'amitié.
(Autres proverbes français)

Proverbes et dictons latins

Soyez fidèle en amitié, vos amis le seront aussi.
L'amitié est une passion qu'on ne peut acheter à prix d'argent.
La complaisance fait des amis, la franchise fait des ennemis.
De l'amitié, l'absence est la pierre de touche.
Quand le bien est dissipé, les amis disparaissent.
Nouveau vin, ami neuf gagnent en vieillissant.
Comme on éprouve l'or au feu, de même on connaît un véritable ami dans le malheur.
Il est doux de s'oublier un moment quand on retrouve un ami.
(Proverbes et dictons latins, 1757)

L'amitié est le sel de la vie.
(Proverbes et sentences latines, 1825)

Proverbes et dictons de la Grèce

L'âme et le cœur font l'amitié, et non les paroles.
Le nom d'ami est assez commun, mais l'amitié fidèle est bien rare.
Dénouer les liens de l'amitié vaut mieux que les rompre.
Ne violez jamais les droits de l'amitié.
Sans indulgence il n'est point d'amitié.
Quand il y en a dans ta bourse, tous les amis sont les tiens.
Apprenez à discerner l'ami véritable du flatteur artificieux.
Dans l'adversité votre véritable ami est votre premier trésor.
(Maximes de la Grèce antique, 1855)

L'amitié d'un homme vraiment sincère vaut mieux que la fausse amitié de plusieurs bouffons.
Si ton ami est dans le malheur, n'attends pas qu'il t'appelle ; si tu es dans le malheur, laisse-le venir.
Ne donne pas à ton ami les conseils les plus agréables, mais donne-lui les plus avantageux.
L'ami véritable est aussi précieux que rare, si tu as un tel ami, crains de le perdre.
(Proverbes et pensées grecques, 1812)

Autres proverbes et dictons de l'Europe

Le dîner d'un ami est bientôt prêt.
(Scottish proverbs, 1683)

Une amitié vive est comme l'eau chaude qui refroidit bientôt.
(Dictionnaire des proverbes danois, 1757)

L'amitié d'un hypocrite est comme le vin qui est bon le matin, mais qui le soir ne vaut plus rien.
(Proverbes et préceptes italiens, 1769)

Offrir l'amitié à qui veut de l'amour, c'est donner du pain à qui meurt de soif.
De l'amitié des hypocrites, tout s'en va à la première lessive.
Il n'y a pas de plus fidèle miroir qu'un vieil ami.
Renonce à l'ami qui couvre avec les ailes, et mord avec le bec.
(Proverbes espagnols 1835-1859)

Le véritable ami est celui des mauvais jours.
(Proverbes et adages anglais, 1854)

L'amitié des faux amis est comme l'ombre d'un buisson, elle disparaît bien vite.
(Histoire des proverbes, 1855)

Faux amour, faux amis, fausses marchandises, fausse monnaie, se trouvent maintenant partout.
Vieil ami, vieux vin et vieux glaive, ne souffre pas qu'on te l'enlève.
(Recueil de proverbes allemands, 1872)

L'amitié avec un fourbe n'est pas de longue durée.
(Proverbes et dictons suédois, 1876)

L'ami est bon parce qu'il nous est cher, il ne nous est pas cher à cause de son bien.
(Proverbes et dictons russes, 1884)

On ne peut se fier ni à une inimitié réconciliée ni à une amitié raccommodée.
L'amitié surpasse la parenté.
Une amitié raccommodée est difficilement franche.
À l'ami qui demande on ne dit pas : demain.
Un bon ami est un noble bijou.
(Proverbes de l'Allemagne, 1886)

Pour rendre visite à un ami, aucun chemin n'est trop long.
(Mille et un proverbes de l'Ukraine, 1889)

L'amitié des amis pervers se change en défiance, et la défiance en haine.
Quand l'amitié décroît, la politesse augmente.
Le danger commun nous rend amis.
(Proverbes et dictons anglais, 1894)

L'œil d'un ami est un bon miroir.
(Proverbes gaéliques, 1926)

On trouve plus facilement un ami qu'on ne le retient.
(Recueil de proverbes tchèques, 1937)

On recueille une fois l'année les fruits de la terre, mais tous les jours ceux de l'amitié.
(Proverbes et adages du Danemark, 1956)

Si vous avez un ami, visitez-le souvent. Le chemin de l'amitié se remplit d'herbes, et les arbres le recouvrent bientôt, si l'on n'y passe sans cesse.
(Dictionnaire des proverbes et dictons norvégiens, 1980)

Quelque grand ami que tu aies, repose-toi moins sur lui que sur toi.
(Proverbes de l'Estonie, 2003)

Prompte amitié, Repentir assuré.
Force parenté, et peu d'amitié.
Amitié dans la peine, amitié certaine.
(Proverbes anglais)

L'amitié naît dans l'égalité.
On voit dans l'adversité ce que valait l'amitié.
(Proverbes allemands)

Proverbes asiatiques

Proverbes et dictons kurdes

L'homme ruiné pense à ses anciens amis et à ses anciennes créances.
Qui creuse un fossé pour son ami y tombe.
L'ami est l'ami, mais le frère nous est cher.
Pour mériter un bon ami, il faut savoir posséder les qualités qu'on réclame de lui.
Le monde est une rose, grise-toi de son parfum, et permets à ton ami d'en jouir après toi.
La mort n'est pas l'amie des braves ; le brave n'est pas l'ami des lâches.
Il faut se rendre utile aux parents et aux amis avant de servir autrui.
(Proverbes et adages du Kurdistan, 1936)

Proverbes et adages juifs et hébreux

Dans l'amitié, ménage une petite place pour la brouille, et dans la brouille, une autre pour la réconciliation.
(Proverbe hébreu)

L'honneur de ton ami te doit être aussi cher que le tien.
(Sentences et proverbes juifs, 1856)

Proverbes et adages orientaux et arabes

Si tu rencontres un ami fidèle, garde-le, tu n'en trouveras pas aisément un autre.
Les meilleurs amis sont ceux qui excitent à bien faire.
(Livres des proverbes arabes - Ve siècle)

L'ami le plus estimable est celui qui nous maintient dans le droit chemin.
(Maximes et sentences orientales, 1778)

Aider un seul ami dans la nécessité vaut mieux que cent bienfaits mal distribués.
(Les proverbes et dictons orientaux, 1876)

L'amitié est la sympathie de deux âmes égales.
Le respect et la sincérité sont les liens de l'amitié.
Si tu as un ami, visite-le souvent, car les épines hérissent le chemin où personne ne marche.
Un homme sans ami, c'est la main gauche sans la droite.
Qui croit le délateur n'aura guère d'amis.
On peut vivre sans frère, mais non pas sans ami.
Il ne faut pas rincer la coupe de l'amitié avec du vinaigre.
Dans le pays de l'amitié, l'on ne connaît pas la distance d'un lieu à un autre ; rien n'est près, rien n'est loin : L'ami, quoique absent, est toujours présent à l'ami par l'imagination.
(Les proverbes et locutions orientales, 1835)

Si l'éloignement sépare leurs corps, la pensée réunit leurs âmes.
Le corps est fortifié par les nerfs, l'âme doit être corroborée par l'amitié.
Les amis intéressés ressemblent aux chiens des places publiques, qui aiment mieux les os, que ceux qui les leur jettent.
Les hommes font paraitre de la folie en cinq occasions différentes :
Lorsqu'ils établissent leur bonheur sur le malheur d'autrui ;
Lorsqu'ils entreprennent de se faire aimer par la rigueur ;
Lorsqu'ils veulent acquérir la science au sein de la mollesse et des plaisirs ;
Lorsqu'ils veulent se créer des amis sans faire des avances,
Et lorsqu'étant amis, ils ne veulent rien faire pour secourir leurs amis dans le besoin.
(Les proverbes et locutions orientales, 1835)

Un véritable ami se reconnaît dans les jours difficiles.
(Armenian proverbs and sayings, 1889)

Qui n'a pas d'ami ne voit qu'à demi.
(Mille et un proverbes libanais, 1968)

L'ami est pour son ami un rempart.
(Mille et un proverbes de l'Iran, 1969)

Un véritable ami est toujours le miroir de son ami.
(Dictionnaire des proverbes et dictons persans, 1980)

Les dettes sont les ciseaux de l'amitié.
Les proverbes arabes traduits (1992)

La bonne amitié se reconnaît à trois signes :
- Saluer le premier son ami quand on le rencontre,
- Le faire asseoir à son aise quand il nous visite,
- Le louer quand il est absent.

(Proverbes arabes)

Proverbes et dictons de l'Inde

Sur les sentiers où tu marches, il n'y a pas d'étrangers, il n'y a que des amis que tu ne connais pas encore…
Celui qui a un ami véritable n'a pas besoin d'un miroir.
L'amitié d'un sot est un mur de sable.
(Proverbes en hindi, 1988)

Ne te lie point d'amitié avec le méchant.
(Livre des proverbes des Hindouistes, 1976)

Lie-toi d'amitié avec tout ce qu'il y a d'hommes vertueux. Le commerce que tu auras avec eux servira à dissiper tes erreurs, et te donnera du goût pour la vérité.
(Dictionnaire des proverbes et dictons hindous, 1980)

Proverbes et dictons chinois

Se rencontrer et devenir ami, rien de plus facile ; le demeurer et vivre en paix, voilà qui est difficile.
Que l'amitié ne t'aveugle pas sur les défauts de tes amis ni ta haine sur ceux de tes ennemis.
Où l'amitié n'est pas une vertu, il ne peut y avoir de véritable amitié.
On peut se passer des hommes, mais on a besoin d'un ami.
(Proverbes et sentences chinoises, 1873)

Quelque ami qu'on soit avec un homme, on ne doit pas lui confier tous ses secrets.
Qui aime son ami cherche à lui être utile.
Les livres parlent à l'esprit ; les amis au cœur ; le ciel à l'âme ; tout le reste aux oreilles.
(Le livre de la sagesse chinoise, 1876)

Proverbes et dictons tibétains

Il vaut mieux boire de l'eau avec un ami plutôt que de partager le miel d'un ennemi.
Une grosse querelle, quelque vive qu'elle soit, devient quelquefois la cause d'une grande amitié ; nous voyons ordinairement qu'on se réconcilie à la fin d'une querelle.
Le meilleur ami, c'est celui qui n'a pas de désir.
(Trésor des belles paroles tibétaines, 1858)

Un étranger, c'est un ami que l'on n'a pas encore connu.
(Proverbes et dictons tibétains, 1876)

On ne saurait choisir un ami à la façon dont un chien se précipite sur un morceau de viande.
(Le grand livre des proverbes tibétains, 2006)

Proverbes et dictons autres pays d'Asie

Ne prends pas comme ami celui qui a déjà trahi l'amitié. Ne fatigue pas tes amis par de fréquentes visites, vois-les de temps en temps quand tu penses à eux.
(Sentences et proverbes cambodgiens, 1915)

Mieux vaut perdre un peu d'argent qu'un peu d'amitié.
(Proverbe malais, Sumatra)

Aucune route n'est longue à côté d'un ami.
(Proverbe japonais)

N'empruntez pas à votre ami, si vous souhaitez que votre amitié continue.
(Proverbe oriental)

Proverbes et dictons africains

Mieux vaut un ami près de soi qu'un frère lointain.
Un ami indifférent vaut un ami inoffensif.
Une pierre offerte par un ami est un beau fruit.
Le mensonge est le sabre qui sépare les meilleurs amis.
Le silence est ton meilleur ami.
Pour les habits, meilleurs sont les nouveaux, pour les amis, meilleurs sont les anciens.
(Proverbes et dictons libyens, 1876)

De nos jours, celui qui ne te nuit pas, celui-là est ton ami.
(Proverbes et adages de la Libye, 1956)

Les plus fidèles compagnons de l'amitié sont la franchise et la sincérité.
(Proverbes de la Mauritanie, 1956)

Qui t'aime, aime-le, et dans ton amitié sois sans défaut.
(Proverbes de l'Algérie, 1956)

Un ami vaut mieux que le pain d'une journée.
(Proverbes Tutsis du Rwanda, 1963)

Le cœur a de bonnes jambes et ne boite pas, quand il passe près des amis, il les visite.
Le chagrin est un secret intime, on ne le révèle qu'à un ami fidèle.
La méfiance et le soupçon excluent l'amitié.
(Le livre de la sagesse malgache, 1967)

La plus grande pauvreté est de vivre sans aucun ami sur qui s'appuyer.
(Proverbes et dictons sénégalais, 1976)

L'amitié de deux dépasse celle de trois.
(Les proverbes et dictons en swahili, 1977)

Ton mauvais frère, c'est encore ton meilleur ami.
(Le proverbe baoulé de la Côte d'Ivoire, 1980)

Il n'y a pas de plus grand bonheur que la venue d'un hôte dans la paix et l'amitié.
La distance qui mène à l'amitié n'est jamais trop grande.
Deviens riche et fais-le savoir, les faux amis viendront d'eux-mêmes.
L'amitié est la plus étroite des parentés.
(Dictionnaire des proverbes africains, 1984)

Le contenu d'une cacahuète est suffisant pour que deux amis puissent la partager.
Un ami vaut mieux qu'un frère de même mère.
(Proverbe kassena du Burkina Faso, 1988)

L'ami des jours où tout va bien ne vaut pas l'ami des jours où tout va mal.
(Proverbes berbères de Kabylie, 1996)

La parenté du jour (amitié) surpasse la parenté de la nuit (amour).
(Proverbes jóola de Casamance, Sénégal, 1998)

Si ton ami chevauche une fourche, félicite-le pour le cheval.
Quand on a des amis trop nombreux, on perd les meilleurs d'entre eux.
(Parlons l'arabe tunisien, 2002)

L'amitié est la plus étroite des parentés.
Il n'y a pas de plus grand bonheur que la venue d'un hôte dans la paix et l'amitié.
(Les proverbes et dictons africains, 2006)

Si tu choisis un ami, choisis celui qui te surpasse.
(Proverbes des Touaregs Kel-Adagh, 2010)

L'ami que tu n'as pas vu dans le malheur, tu ne le vois pas dans le plat.
Les dents qui mangent les amis s'usent avant d'avoir apaisé la faim.
(Proverbes et sagesses du Rwanda, 2011)

C'est dans des périodes difficiles qu'on reconnaît les vrais amis.
(Les expressions et proverbes du Bénin, 2014)

L'amitié est comme les algues : quand on s'en approche, elles s'éloignent et quand on s'éloigne, elles se rapprochent.
L'amitié est comme le plumage d'un poulet, elle ne s'en va qu'à la mort.
(Proverbes gabonais)

Prêter, fait souvent perdre l'amitié ou l'argent.
(Proverbe marocain)

Mes principaux ouvrages disponibles

- Vauban le bourguignon (éditions de Bourgogne)
- Réflexions maçonniques en Loge symbolique - tome 1 (Doyen)
- Les Mystères de la Côte d'Or (De Borée)
- Les nouveaux Mystères de Saône-et-Loire (De Borée)
- Les nouveaux Mystères du Jura (De Borée)
- La méthode M3C - Réussir un changement dynamique, stable et durable - coauteur avec Alessandro Biscaccianti (Éditions A2C Média)
- Les Mystères de la Savoie (De Borée)
- Les Mystères des Hautes-Alpes (De Borée)
- Les Mystères de Bourgogne (De Borée)
- Les Mystères de Rhône-Alpes (De Borée)
- Secret et légendes du Jura (BoD)
- A la quête du sens du Moyen Âge (BoD)
- Recettes créoles de Da ti Clé (BoD)
- Des ovnis dans le ciel de Bourgogne (BoD)
- Des ovnis dans le ciel de Franche-Comté (BoD)
- Les Mystères de Saint-Jacques de Compostelle (De Borée)
- Le chien de Saint-Jacques (3 livrets illustrés – (BoD)
  - Au printemps de ma vie
  - Sur les chemins de Saint-Jacques (mai 2020)
  - Au crépuscule de mon cheminement (nov. 2020)
- Haine tenace contre un Républicain (BoD)

Vos réflexions personnelles

....
....
....
....
....
....
....
....
....
....

Table des matières

Note de l'auteur 5

Quelques réflexions sur l'amitié 7

Citations d'auteur 13

   Avant la naissance de J.C. 13

   Aux dix premiers siècles de notre ère 17

   Du Xe au XVIIe siècle 19

   Au XVIIIe siècle 23

   Au XIXe siècle 32

   Au XXe siècle 45

   Au XXIe siècle 60

Proverbes sur l'amitié 69

   Historique des proverbes 69

   Proverbes et dictons français 71

   Proverbes et dictons latins 76

   Proverbes et dictons de la Grèce 77

   Autres proverbes et dictons de l'Europe 78

   Proverbes asiatiques 81

   Proverbes et dictons africains 87

Mes principaux ouvrages disponibles 91

Vos réflexions personnelles 93